L'ABBÉ COCHET.

L'ABBÉ COCHET

ECCLÉSIOLOGUE ET ANTIQUAIRE CHRÉTIEN

PAR

M. BRIANCHON.

DIEPPE
IMPRIMERIE PAUL LEPRÊTRE ET Cᵉ,
133, GRANDE-RUE, 133.
—
1877.

A MONSIEUR L'ABBÉ SAUVAGE,

Aumônier du Collége de Dieppe

Monsieur l'Abbé,

Vous m'avez demandé, pour les Cercles catholiques d'ouvriers, *œuvre à laquelle s'intéressait si vivement M. l'abbé Cochet, une Notice anecdotique sur ce savant antiquaire et ecclésiologue.*

Je suis peut-être l'homme du monde le moins fait pour ce genre de travail, composé surtout de souvenirs, ayant la mémoire aussi infidèle que l'abbé Cochet l'avait exacte.

J'essaierai cependant.

Heureux encore si, tout en trompant vos espérances, ces quelques lignes, jetées au courant de la plume et du cœur, sur l'homme que je m'honore d'avoir eu pour ami et pour maître, prouvent au moins deux choses : ma reconnaissance pour lui, ma bonne volonté pour vous.

BRIANCHON.

Gruchet-le-Valasse, 1er juin 1876.

L'ABBÉ COCHET

ECCLÉSIOLOGUE ET ANTIQUAIRE CHRÉTIEN

C'était un dimanche, le jour par excellence que le Seigneur a fait. Dans une vieille église romane, assise au bord de l'Océan depuis le XIe siècle, un groupe de pieux chrétiens entourait les fonts baptismaux. Un enfant, né de la veille, fils du gardien de la batterie de la Briqueterie, un brave artilleur qui avait tiré le premier coup de canon au siége de Toulon (1), recevait l'eau sainte.

Le prêtre à cheveux blancs qui la répandait était un ancien bénédictin, dernier prieur de l'abbaye de Valmont, le vénérable dom Monthois.

Le parrain était Benoît Marcotte, sergent-major dans les canonniers gardes-côtes, camarade du père de l'enfant : la marraine, tante du baptisé, se nommait Désirée-Sophie Poidevin, d'Ingouville.

Une autre tante maternelle, Mme Douche, née Anne-Adélaïde Poidevin, aussi d'Ingouville, présentait l'enfant au baptême.

---

(1) Souvenir de M. Léon de Duranville.

De tous les personnages de notre tableau, c'est le seul qui existe encore (1).

L'enfant, marqué du signe de la croix pour le temps et pour l'éternité, s'appelait Jean-Benoist-Désiré, et devait devenir célèbre un jour sous le nom de *l'abbé Cochet*.

Il était le premier né de Jean-Marie Cochet, originaire de Bourgogne, et de Victoire-Pélagie Poidevin, de Normandie.

Ceci se passait à Saint-Denis de Sanvic, jadis paroisse de l'exemption de Montivilliers, le 8 mars 1812.

Deux ans plus tard, le jeune Cochet résidait à Etretat, où son père avait été envoyé pour surveiller les trois batteries du village, appelées les batteries de la Droite, de la Gauche et du Centre, plus les deux batteries de la Courtine et d'Antifer, du côté d'aval, et les deux batteries d'Etigues et de Vaucotte, du côté d'amont.

Là, face à face avec l'immensité, sous les hautes et blanches falaises découpées en *portes* ou dressées en *aiguilles*, devant la mer écumante ou calme, admirable toujours, à l'ombre d'une église austère, bâtie à souhait pour le plaisir d'un archéologue, au milieu de pauvres pêcheurs, qui faisaient songer à ceux de Génésareth, notre pâle petit enfant, aux larges yeux

(1) Nous avons vu, pour la première fois, Mme veuve Douche, le 21 novembre 1876, dans la maison qu'elle habite au Havre, rue Sainte-Adresse, n° 32, depuis 70 ans. Mme Douche, âgée aujourd'hui de 89 ans, est la dernière survivante de douze enfants. Elle aimait beaucoup son neveu, qui ne manquait jamais à l'embrasser, toutes les fois qu'il venait au Havre. Femme à l'aspect énergique, Mme Douche, qui attend la mort comme une vraie chrétienne, sans la désirer ni la craindre, conserve toute sa mémoire. Sa sœur, Victoire Pélagie, « était une belle femme, dit-elle, ayant l'air bon, avec une figure agréable et des yeux superbes. »

noirs, grandit, soutenu par les quatre premiers éducateurs catholiques : sa mère, son père, son curé, son maitre d'école.

Sa mère, qui joignait ses mains pour prier *Notre Père, qui êtes aux cieux*, et pour lui faire bégayer les noms qu'on n'oublie plus, les noms de *Jésus* et de *Marie* ;

Son père, qui aimait à lui raconter, d'une voix sonore, l'œil en feu, les batailles dont il avait pris sa part, depuis Toulon jusqu'à Saragosse, — tandis que pour la Bérésina, Waterloo, Sainte-Hélène, il n'en parlait jamais qu'en baissant le ton, et sans qu'une grosse larme ne vint perler au bout des cils et rouler sur sa moustache grise ;

Son curé, ou plutôt ses curés, maitre Guillaume Sortembosc, curé d'Etretat, pendant les années de Jésus-Christ, c'est-à-dire pendant trente-trois ans, mort en 1821; et M. l'abbé Sence, ancien novice bénédictin, de Fécamp, qui lui enseignèrent, l'un le catéchisme, l'autre le rudiment ;

Son maître d'école, le sieur Victor Duprey, qui lui apprenait à lire dans de bons vieux livres, aujourd'hui passés de mode, mais qui en valaient bien d'autres, la *Croix de Dieu*, l'*Instruction de la jeunesse*, le *Psautier* et la *Civilité chrétienne et honnête*.

Les plus lointains souvenirs de l'abbé Cochet remontaient à 1815, alors qu'il avait à peine trois ans. Il se rappelait un coup de canon qui avait fait trembler la terre, et avoir vu couler le sang d'un soldat blessé à une manœuvre de la batterie du Centre.

Il lui en était resté une haine patriotique contre les Anglais.

Deux autres incidents s'étaient profondément gravés dans la mémoire de l'enfant en 1820.

L'un, c'était le crucifiement de Notre-Seigneur par Joseph Beaufils, maître d'équipage, et ses matelots, sur une croix de bois qu'on éleva ensuite, *face à la mer*, au bas de la côte Saint-Clair. Enfant de huit ans, le jeune Cochet était au pied de la croix, tenant la main de son père, pendant la cérémonie.

L'autre, c'était la disparition d'un homme de la *Marie-Anne*, nommé Baptiste Coquin, qui, faisant la pêche au maquereau à six lieues au nord de la Hève, était tombé à la mer et y était resté, malgré les efforts de ses camarades pour le sauver.

Il faut se dévouer et se dévouer jusqu'à la mort, voilà ce que comprit l'enfant en assistant à l'érection d'un calvaire et en apprenant le naufrage du pauvre matelot.

En mars 1821, décéda le patriarche Sortembosc, âgé de quatre-vingts ans. Cela fit autant de bruit pour le moins, à Etretat, que la mort de Napoléon, arrivée deux mois après. Le jeune Cochet, reconnaissant comme tous les enfants, et qui n'avait oublié ni les bénédictions, ni les bonbons de l'excellent pasteur, ne put s'empêcher de pleurer à chaudes larmes en voyant mener le défunt processionnellement, visage découvert, par les rues de la paroisse.

A cette époque, on ne voyait encore, dans tout le cimetière d'Etretat, qu'une croix de bois ; c'était celle qui distinguait la sépulture du curé. Les autres tombes, selon la remarque de l'abbé Cochet lui-même, n'avaient pour monument, comme chez les Germains de Tacite, qu'un tertre de gazon : *monumentum cespes*. Chaque dimanche, après la messe, les familles des marins, agenouillées sur les tombes de ceux qu'elles avaient perdus, récitaient à leur intention un *Pater* et un *Ave*. Et chaque année, noirs, grandit, soutenu par les quatre premiers éducateurs catholiques : sa mère, son père, son curé, son maître d'école.

Sa mère, qui joignait ses mains pour prier *Notre Père, qui êtes aux cieux*, et pour lui faire bégayer les noms qu'on n'oublie plus, les noms de *Jésus* et de *Marie* ;

Son père, qui aimait à lui raconter, d'une voix sonore, l'œil en feu, les batailles dont il avait pris sa part, depuis Toulon jusqu'à Saragosse, — tandis que pour la Bérésina, Waterloo, Sainte-Hélène, il n'en parlait jamais qu'en baissant le ton, et sans qu'une grosse larme ne vint perler au bout des cils et rouler sur sa moustache grise ;

Son curé, ou plutôt ses curés, maître Guillaume Sortembosc, curé d'Etretat, pendant les années de Jésus-Christ, c'est-à-dire pendant trente-trois ans, mort en 1821; et M. l'abbé Sence, ancien novice bénédictin, de Fécamp, qui lui enseignèrent, l'un le catéchisme, l'autre le rudiment ;

Son maître d'école, le sieur Victor Duprey, qui lui apprenait à lire dans de bons vieux livres, aujourd'hui passés de mode, mais qui en valaient bien d'autres, la *Croix de Dieu*, l'*Instruction de la jeunesse*, le *Psautier* et la *Civilité chrétienne et honnête*.

Les plus lointains souvenirs de l'abbé Cochet remontaient à 1815, alors qu'il avait à peine trois ans. Il se rappelait un coup de canon qui avait fait trembler la terre, et avoir vu couler le sang d'un soldat blessé à une manœuvre de la batterie du Centre.

Il lui en était resté une haine patriotique contre les Anglais.

Deux autres incidents s'étaient profondément gravés dans la mémoire de l'enfant en 1820.

L'un, c'était le crucifiement de Notre-Seigneur par Joseph Beaufils, maître d'équipage, et ses matelots, sur une croix de bois qu'on éleva ensuite, *fache à la mer*, au bas de la côte Saint-Clair. Enfant de huit ans, le jeune Cochet était au pied de la croix, tenant la main de son père, pendant la cérémonie.

L'autre, c'était la disparition d'un homme de la *Marie-Anne*, nommé Baptiste Coquin, qui, faisant la pêche au maquereau à six lieues au nord de la Hève, était tombé à la mer et y était resté, malgré les efforts de ses camarades pour le sauver.

Il faut se dévouer et se dévouer jusqu'à la mort, voilà ce que comprit l'enfant en assistant à l'érection d'un calvaire et en apprenant le naufrage du pauvre matelot.

En mars 1821, décéda le patriarche Sortembosc, âgé de quatre-vingts ans. Cela fit autant de bruit pour le moins, à Etretat, que la mort de Napoléon, arrivée deux mois après. Le jeune Cochet, reconnaissant comme tous les enfants, et qui n'avait oublié ni les bénédictions, ni les bonbons de l'excellent pasteur, ne put s'empêcher de pleurer à chaudes larmes en voyant mener le défunt processionnellement, visage découvert, par les rues de la paroisse.

A cette époque, on ne voyait encore, dans tout le cimetière d'Etretat, qu'une croix de bois; c'était celle qui distinguait la sépulture du curé. Les autres tombes, selon la remarque de l'abbé Cochet lui-même, n'avaient pour monument, comme chez les Germains de Tacite, qu'un tertre de gazon : *monumentum cespes*. Chaque dimanche, après la messe, les familles des marins, agenouillées sur les tombes de ceux qu'elles avaient perdus, récitaient à leur intention un *Pater* et un *Ave*. Et chaque année, le jour des Rameaux, les bons habitants d'Etretat, hommes, femmes, enfants, les uns en vareuse, les autres en *thérèse*, tous vêtus de noir, ne manquaient jamais à venir poser sur la fosse de leurs chers défunts, une branche de buis bénit. C'est ainsi qu'ils savaient répondre, et, avec eux le jeune Cochet, à ces gémissements qui sortent des cimetières, et que seule entend l'âme chrétienne : *Miseremini, miseremini, vos sallem amici mei, quia manus Domini tetigit me*. O vous, nos amis, qui êtes vivants, ayez pitié de nous, qui sommes couchés entre les morts.

Ainsi s'écoula l'enfance de l'abbé Cochet. Tantôt il s'amusait, sur le galet roulant, à regarder virer les barques au cabestan, ou, dans les grottes du rivage, à voir brûler le warech qui fait la soude. Tantôt, il luttait de témérité avec les chèvres pour gravir les *Avaleuses* et visiter la *Chambre aux Demoiselles* ou le *Trou à Romain*. Ou bien encore il aimait à entendre résonner, dans les profondeurs du *Chaudron*, la grande voix de l'Océan ; et sa poésie naissante ouvrait les ailes à l'imposant spectacle du soleil grandiose, au manteau de feu, descendant majestueusement, par un beau soir, au milieu des flots.

En ce temps-là, on avait conservé, à Etretat, un vieil usage que le jeune Cochet se gardait bien de laisser tomber en désuétude. Quand venait la fête des Rois, les enfants du village, à nuit close, de longues torches à la main, parcouraient les hauteurs voisines en allumant des feux de joie, autour desquels ils dansaient, comme David, au chant de cantiques qui ne valaient pas les siens. C'était leur manière de saluer les rois mages, qu'ils s'imaginaient sans doute voir revenir d'Orient à chaque échéance annuelle, pour adorer leur *Saint Sauveur* dans sa chapelle d'Etretat, guidés par l'immortelle étoile fixée jadis sur l'étable de Béthléem. Souvenir chrétien et tout naturel à la fois ! Les marins aiment les étoiles qui les conduisent à la pêche et qui les ramènent au port.

Le jeune Cochet fit sa première communion dans l'église d'Etretat, avec une foi vive et la plus ardente piété, le 24 juin 1823.

Nous croyons que l'on peut faire remonter principalement à cette époque, où ils apprenaient le latin ensemble chez M. l'abbé Sence, l'étroite amitié dont se lièrent Jean-Benoist-Désiré Cochet et Louis-Philippe Ledentu, amitié fondée sur le triple rapport de l'âge, de l'harmonie des caractères et de la conformité de goûts.

> C'était au temps où naît l'amitié franche,
> Sol que fleurit un matin plein d'espoir :
> Un arbre y croît, dont souvent une branche
> Nous sert d'appui pour marcher jusqu'au soir.

Entre nos deux jeunes gens, celui qui servit le plus littéralement à l'autre de « branche d'appui, » suivant l'expression du poète, ce fut l'abbé Cochet. M. l'abbé Ledentu, en effet, vit arriver le premier le soir de sa vie dès 1849, à Saint-Etienne-du-Rouvray, dont il était curé. M. Ledentu n'avait que trente-huit ans.

Cette mort précoce déchira cruellement le cœur de l'abbé Cochet : il ne s'en consola jamais.

La Providence, toujours prompte à venir en aide aux faibles et aux déshérités, s'avança au-devant de notre pauvre enfant sous les traits de M. l'abbé Robin, curé de Notre-Dame du Havre, et lui tendit la main. Frappé de l'intelligence du jeune Cochet, alors âgé de quinze ans, le futur évêque de Bayeux s'empressa de lui faire commencer sa cinquième, sous la direction d'un excellent humaniste, M. Langlois, au lycée du Havre, où il resta à peine un an.

Mais c'est l'abbé Cochet lui-même qu'il faut entendre, vingt ans après, redire, en style ému, comment, nouvel apôtre, il fut retiré d'entre les « pêcheurs de poissons » pour être fait « pêcheur d'hommes, » et rendre un reconnaissant hommage au prêtre clairvoyant et généreux qui décida de sa destinée :

« En finissant cette Notice (sur l'église de Bracquemont, d'où était originaire Mgr Robin, dans les *Eglises rurales de l'arrondissement de Dieppe*, 1850, p. 150) je demande au lecteur la permission de rendre au cœur bienfaisant de l'évêque de Bayeux un hommage tout personnel. Prêtre par ses soins et par ses aumônes, toute ma vie sacerdotale est son œuvre. Fils d'un pauvre soldat en retraite, né sur une batterie de la côte, élevé dans un village de matelots, j'étais destiné comme eux à devenir pêcheur de poissons, quand M. Robin me prit lui-même sur les rochers d'Etretat et me fit devenir pêcheur d'hommes. Il y a vingt ans de cela, et, depuis ce temps, je n'ai pas passé un seul jour sans prier pour lui. Depuis dix années de prêtrise, chaque fois que j'ai le bonheur de monter à l'autel, son souvenir m'y accompagne. Je n'ai pas besoin de dire combien j'ai été heureux de rencontrer, dans une église des environs de Dieppe, le berceau de mon bienfaiteur. Je ne sais pourquoi j'aime mieux l'avoir salué ici, dans une pauvre église de campagne, que dans sa cathédrale. Puisse la barque du pêcheur, qu'il a placée dans ses armes, naviguer heureusement à travers les écueils dont la carrière apostolique est semée, et puisse sa voile bénie continuer toujours d'être l'asile et le refuge des malheureux — *Asylum miseris et tutela !* »

Comme il est naturel, lorsque l'on rencontre un beau marbre, de s'enquérir du ciseau qui l'a sculpté, et, quand on voit un homme d'élite, de rechercher les maîtres qui l'ont formé, nous dirons que M. Cochet eut pour professeur :

Au Petit-Séminaire: M. l'abbé Poulain, en seconde; M. l'abbé Andrieu, en rhétorique.

Au Grand-Séminaire : M. l'abbé Maigret, en philosophie ; M. l'abbé Martin Calmet, en théologie.

Et, comme parmi les proverbes, qui sont la sagesse des nations, il y en a un qui s'exprime ainsi : Dis-moi qui tu hantes, je te dirai qui tu es, — nous ajouterons que M. Cochet compta entre ses amis de la première heure, outre l'abbé Ledentu, hors concours : MM. l'abbé Colas, le céramiste ; l'abbé Fidelin, curé de Lanquetot ; l'abbé Hanin, curé de Sainte-Madeleine, à Rouen, et fondateur des Sœurs de la Compassion ; l'abbé Langlois, l'historien du Mont-aux-Malades ; l'abbé Laperdrix, curé des Loges, ancien rédacteur en chef de la *Sabbatique* ; l'abbé Lefebvre, curé de Saint-Sever ; Lefebvre, le poète de Menthe-ville ; l'abbé Malais, auteur du *Calendrier normand*; Victor Marcadé, auteur des *Commentaires sur le Code civil* ; l'abbé Neveu, un professeur de rhétorique que n'oubliera jamais le dernier de ses élèves ; l'abbé Motte, curé de Gonnetot ; Voillet de Saint-Philbert, rédacteur de la *Mode* (je parle de 1830), etc.

Plus tard, les relations scientifiques que se créa l'abbé Cochet, soit en France, soit à l'étranger, furent sans nombre. On peut dire de lui, qui écrivait à toute la terre, qu'il eut presque autant d'amis que de correspondants. Nous n'en citerons aucun, pas même des plus célèbres, de Caumont ou Jacob Grimm, le duc de Luynes ou le chevalier Rossi, Roach Smith ou Montalembert, mais encore nous faut-il, dès à présent, devançant l'ordre chronologique, mentionner les principales de ces amitiés qui embellirent jusqu'au tombeau la vie de l'abbé Cochet, tels que MM. Lenormand, Vallois, de Girancourt, Coppinger, l'abbé Lecomte, G. Gouellain, l'abbé Gobert, Milet, l'abbé Lebreton, Leclerc-Lefebvre, l'abbé J. Loth, Michel Hardy, l'abbé Tougard, etc.

En embrassant la carrière ecclésiastique, avec la parole divine à répandre, les pauvres à soulager, les mourants à conduire au ciel, tout un ministère de propitiation à remplir entre l'homme et Dieu, M. Cochet avait trouvé la voie qui convenait à son cœur. Mais son esprit désirait quelque chose encore. Il ne savait trop quoi. Ni l'étude des lettres, ni les hauteurs de la philosophie, ni les abîmes de la théologie ne le satisfaisaient complètement. Il n'était point arrivé, il marchait toujours.

Pendant les vacances qu'il passait à Etretat avec son cher Ledentu, qui s'essayait à peindre, les deux jeunes gens, dévorés du désir d'apprendre, ou ramassaient les coquilles de la plage, ou formaient un herbier des plantes de la falaise, ou enregistraient les souvenirs des vieux marins. Ils avaient même écrit, de compte à demi, vers 1832, un opuscule en sept ou huit chapitres, plein du lyrisme de la jeunesse et intitulé *Etudes romantiques et pittoresques d'Etretat*.

« Deux jeunes gens, dit l'avant-propos, étudiant l'un la peinture et l'autre les belles-lettres, ont voulu, pendant leurs vacances, faire un essai de leurs forces. Ils ont consacré leurs premiers efforts à célébrer leur patrie. Quel objet fut jamais plus digne d'occuper leurs loisirs ! On excusera leur peu de talent par le motif qui les a animés ».

Enfin, Celui qui a dit : « Cherchez et vous trouverez ; frappez et l'on vous ouvrira », fit surgir en 1834, sous les pas du jeune abbé, un antiquaire lettré et qui joignait aux glaces de la théorie le feu sacré de la pratique. M. Emmanuel Gaillard, propriétaire du château de Saint-Jean-de-Folleville, près Lillebonne, ancienne station romaine qui commençait à faire parler d'elle, vit l'abbé Cochet, reçut ses confidences, devina sa vocation, et lui apprit comment ressusciter les morts dans la vallée de Josaphat, et comment, à l'aide des ruines présentes, refaire les monuments passés.

La divinité tant cherchée, l'*Histoire*, était enfin apparue aux yeux de l'ardent néophyte, qui, pour parler le langage de l'Ecriture, se prosterna et l'adora.

C'est aux ephphetha successifs prononcés sur le front de l'abbé Cochet par M. Emmanuel Gaillard, d'une part, l'un des membres les plus actifs de la Commission des Monuments et Antiquités de la Seine-Inférieure, et, d'un autre côté, par M. Arcisse de Caumont, le célèbre vulgarisateur normand de l'archéologie, que l'on doit tant d'ouvrages substantiels qui seront consultés toujours avec fruit, l'*Etretat souterrain*, les *Eglises des arrondissements du Havre, de Dieppe et d'Yvetot*, la *Normandie souterraine*, le *Tombeau de Childéric*, le *Répertoire archéologique du département de la Seine-Inférieure*, etc.

Dès le 26 mars 1834, le baron Dupont-Delporte, préfet de Rouen, nommait « M. Cochet, séminariste d'Etretat, membre correspondant de la Commission départementale des Antiquités pour les cantons de Goderville, Criquetot et Fécamp. »

M. Cochet n'avait que vingt-deux ans.

Comme justification de cette distinction précoce et comme inauguration des travaux de fouilleur qui devaient illustrer son existence, M. Cochet, sous la direction de MM. Achille Deville et Emmanuel Gaillard, eut le bonheur de faire, en 1835, sa première découverte d'antiquités souterraines dans sa patrie d'adoption, au presbytère d'Etretat.

Nous nous empressons de citer ici, grâce à l'obligeance de M. de Beaurepaire, une lettre inédite du zélé antiquaire de Saint-Jean-de-Folleville, qui justifie de reste la distinction tout exceptionnelle dont le chef de département de la Seine-Inférieure avait cru devoir honorer un élève de nos séminaires, à peine majeur.

« Rouen, ce 30 juin 1834.

« Monsieur et très-cher Collègue,

« Voici M. Cochet, notre correspondant d'Etretat, qui va partir dans huit jours pour le pays de Caux. Il m'a déjà fourni la connaissance de deux ports romains, d'un camp, de vingt-sept mottes et d'une foule d'indications toutes précieuses qui me font le regarder comme un très-puissant auxiliaire. Comme il va beaucoup voyager dans le département, comme il est très-propre à découvrir les objets d'art pour le musée, que Monsieur Deville a déjà beaucoup à se louer de lui, j'ose vous prier, comme notre secrétaire de la Commission des antiquités, d'obtenir de Monsieur le Préfet une lettre circulaire aux maires, afin qu'ils aident le jeune explorateur de toute leur puissance et de toutes leurs connaissances.

. . . .

« J'ai l'honneur de vous saluer très-humblement,

Signé : Em^{el} GAILLARD.

« Je vous prie d'envoyer la lettre destinée à M. Cochet sous son nom au Grand-Séminaire, rue Poisson.

Et au dos :

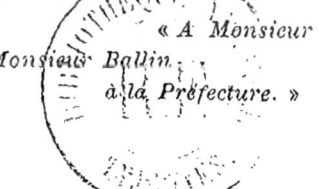

« A Monsieur Monsieur Ballin, à la Préfecture. »

Avec quelle sainte ferveur, quel recueillement profond, quel bonheur intense, l'abbé Cochet célébra sa première messe, je n'essaierai pas de le dépeindre. Ceux-là seuls pourraient le dire qui ont éprouvé cette joie. Nommé vicaire à Saint-François du Havre, le 28 mai 1836, le jour même de son ordination, M. l'abbé Cochet occupa ce poste jusqu'au 24 octobre 1840, où il fut envoyé, comme premier vicaire, à Saint-Remy de Dieppe.

Ces deux paroisses n'oublieront jamais qu'elles sont redevables à l'abbé Cochet de la fondation si utile de la Société de Saint-François-Régis, pour la légitimation du mariage des indigents.

Dans sa notice biographique, si complète à tous égards, M. l'abbé Loth n'a pas manqué de rappeler un des plus chers souvenirs de la carrière sacerdotale de M. l'abbé Cochet, je veux dire les conférences du dimanche soir pour les jeunes gens, qu'il institua à Saint-Remy, de concert avec l'excellent curé de la paroisse, M. l'abbé Parmentier, et où le jeune vicaire sut attirer la foule par sa parole franche, claire, sympathique, mouvementée d'anecdotes historiques, pleine de verve et d'intérêt.

A peine âgé de quinze ans, le jeune Cochet avait vu sa santé, jusque là des plus robustes, éprouvée par une rude atteinte, dont elle ne se releva jamais. Au dire de ses condisciples, à l'époque où il entra dans les ordres, il était si émacié, il semblait si chétif, si frêle, qu'on croyait qu'il ne vivrait pas. Aussi, au bout de quelques années, devint-il promptement incapable de remplir le ministère paroissial.

Il sentait ses ailes brisées par une infirmité redoutable, qu'on ne plaint guère, puisqu'on la traite de maladie imaginaire, comme s'il y avait des maladies imaginaires et des gens, depuis sainte Thérèse, qui souffrent pour leur plaisir, l'abbé Cochet, disions-nous, fut saisi par la névrose dont il souffrit toute sa vie.

Compatissant pour un malade aussi digne d'intérêt et voulant venir en aide à la fois au prêtre et au savant, le cardinal prince de Croy nomma l'abbé Cochet, le 1er avril 1842, aumônier du collége royal de Rouen.

Cœur généreux, nature expansive, esprit de flamme et primesautier, le nouvel aumônier était l'homme du monde le mieux fait pour se plaire au milieu des jeunes gens et pour leur plaire lui-même. Ce fut effectivement ce qui arriva. Il les aimait : il en était aimé. Jamais l'abbé Cochet ne parlait de ses anciens élèves sans une sorte d'épanouissement et d'orgueil paternel, et ses élèves à leur tour devenus des hommes distingués, tel que M. Lapierre, directeur du *Nouvelliste de Rouen*, Verger, président du tribunal de commerce de Pont-Audemer et tant d'autres, n'ont jamais manqué de faire, dans leurs souvenirs de collége, une place à part pour leur ancien maître.

L'Académie de Rouen avait voulu souhaiter la bienvenue au jeune antiquaire en l'inscrivant, l'année même de son arrivée, au nombre de ses membres.

Vivre à Rouen, en pleine seconde Lyonnaise, dans la capitale du pays normand, entouré des savants les plus aimables et de trésors intellectuels de toute sorte, fut pour l'abbé Cochet, ce que peut être, pour un estomac affamé et à jeun depuis longtemps, une table abondamment servie. Qu'on me pardonne un mot trivial, mais énergique et qui rend exactement ma pensée. L'abbé Cochet se rassasia de travail et de science jusqu'à la pléthore, jusqu'à l'indigestion. Il en faillit mourir. Les cordes du cerveau, tendues outre mesure, furent sur le point de se briser. Il en était venu, c'est de lui-même que je le tiens, à cet excès de vertige nerveux, de ne pouvoir plus même penser. Mgr Blanquart de Bailleul, archevêque de Rouen, et MM. les docteurs Flaubert et des Alleurs unirent leurs efforts pour l'obliger d'abandonner le ministère actif et le condamner à une année au moins du repos le plus absolu.

Le 1er février 1846, M. l'abbé Cochet donna sa démission d'aumônier du collége de Rouen, et se retira à Dieppe, rue d'Ecosse, n° 135.

C'est là, vivant de régime et de précautions, que, pendant vingt-neuf ans, de son temps il fit deux parts laborieusement consacrées, l'une à fouiller, l'autre à écrire. C'est de là qu'il partait pour visiter les nombreuses et fécondes sépultures gauloises, romaines, franques et chrétiennes qui ont immortalisé son nom ; c'est là qu'il revenait, les mains pleines d'objets de toute nature et de toute forme, terre, verre, pierre, marbre, or, argent, bronze, plomb, os, monnaies, vases, framées, haches, lances, épées, sabres, scramasaxes, coffrets, miroirs, bagues, agrafes, colliers, bracelets, fibules, amulettes, inscriptions, statuettes, plaques de ceinturon, reliquaires, calices, croix d'absolution, témoins frappants et irrécusables des générations disparues ; c'est là qu'il a composé la plupart de ses ouvrages.

Jamais depuis, quoiqu'il l'ait essayé bien des fois, l'abbé Cochet ne put reprendre le ministère actif.

Il confessait, il mariait, il prêchait par intervalles. Mais il ne pouvait dire la messe. Toutes les fois qu'il montait à l'autel pour célébrer les saints mystères, une émotion, une agitation inexprimables s'emparaient de lui. Ses artères battaient avec violence, la sueur lui perlait au front : il suffoquait, il étouffait.

Ceci a été, pour le reste de sa vie de prêtre, une source de regrets incessants, une amertume profonde. Et ceux-là seuls ont pu faire un crime à l'abbé Cochet de cette impuissance à remplir ses fonctions sacerdotales qui vivent aussi étrangers à l'humaine misère qu'aux vertus chrétiennes, et qui ne connaissent ni les infirmités, ni la justice, ni les névroses, ni la charité.

Si c'est particulièrement comme savant que l'abbé Cochet a marqué sa place entre les enfants des hommes, il n'en a pas moins travaillé dans le champ du Seigneur de manière à recueillir des fruits de vie et d'immortalité. Tel qui avait commencé par n'admirer que l'archéologue finissait par aimer le prêtre, et c'est ainsi, pour ne citer que quelques noms, que M. Léon Buquet, poète et journaliste, M. Flaubert père, le célèbre chirurgien, et M. Abraham Vasse, auteur de publications diverses, furent heureux de recevoir, lorsque l'abbé Cochet les visita au lit de mort, avec les consolations de l'ami, qui adoucissait leur agonie, les derniers sacrements du prêtre, qui les ramenait à Dieu.

Laissant maintenant à d'autres le soin de glorifier les travaux de l'antiquaire païen, nous nous bornerons, pour abréger et rester dans notre cercle, à énumérer simplement les principaux écrits de l'antiquaire chrétien.

On ne peut disconvenir que, pour ses débuts ecclésiologiques, M. l'abbé Cochet n'ait eu la main heureuse. Il découvrit l'église romane de Saint-Jean d'Abbetot. Un peu de science, beaucoup de poésie, une plume qui est un pinceau, de la verve, des flammes, des cris d'apôtre, voilà ce que l'on admira, le 4 mai 1839, dans cette première description d'église, qui devait être suivie de tant d'autres.

Rappelons ici, par ordre chronologique, les principaux écrits de l'abbé Cochet, inspirés par l'idée chrétienne :

1839. — Rapport pour l'établissement d'une société charitable de Saint-François-Régis, au Havre.
1840. — Essai historique et descriptif sur l'abbaye de Graville,

terminé par ces vers touchants du Victor Hugo d'autrefois, recueillis sur une tombe d'enfant :

> Nature d'où tout sort, nature où tout retombe,
> Feuilles, nids, doux rameaux que l'air n'ose effleurer,
> Ne faites pas de bruit autour de cette tombe :
> Laissez l'enfant dormir et la mère pleurer !

1841. — Notice sur la vie et les écrits de dom Guillaume Fillastre.
— Souvenir du mois de Marie.

Sur l'exemplaire qui est en ma possession, sont écrits ces mots :

« Dites parfois cette prière pour son auteur. L'abbé Cochet. »

Ce souvenir, daté du Grand-Séminaire de Rouen, mai 1836, est une sorte d'hymne en onze strophes adressées à Notre-Dame-des-Douleurs, Notre-Dame-de-Pitié, Notre-Dame-des-Consolations, Notre-Dame-de-Bon-Secours, Notre-Dame-de-la-Garde, Notre-Dame-de-Salut, Notre-Dame-des-Flots, Notre-Dame-de-Bon-Port, Notre-Dame-de-la-Délivrande, Notre-Dame-de-la-Paix et Notre-Dame-des-Victoires.

— Sermon pour la fête de Saint-Sauveur, patron des matelots d'Etretat.
— Sermon pour la fête de Notre-Dame-de-Bon-Secours, patronne des marins de Dieppe.

1841. — Compte-rendu des travaux de la Société de Saint-Régis du Havre, pendant les années 1839 et 1840.
— Discours prononcé, le 24 mai 1841, dans la chapelle de la manufacture de dentelles de Dieppe, le jour de la fête de Saint-François-Régis.
1842. — Rapport pour l'établissement d'une société charitable de Saint-François-Régis, à Dieppe.
— Rapport sur la Société charitable de Saint-Régis de Rouen.
1843. — Croisade monumentale en Normandie au XIIe siècle.
1844. — Caveaux de la chapelle du collége royal de Rouen.
— Les Eglises de l'arrondissement du Havre, 1re partie.
1845. — Notice historique et descriptive sur l'église de Moulineaux.
— Compte-rendu des travaux de la Société de Saint François Régis de Rouen, pendant l'année 1844.
1846. — Les Eglises de l'arrondissement du Havre. 2e partie.

On remarquera, dans ces deux premiers volumes sur les Eglises du diocèse de Rouen, où l'auteur sans fortune, limité par les frais d'impression, n'a pu produire que la moindre partie de son œuvre, les articles sur les églises de Montivilliers, d'Etretat, de Fécamp et sur l'abbaye du Valasse.

— Les Eglises de l'arrondissement de Dieppe. Eglises urbaines.

Un peu moins de poésie, beaucoup plus d'histoire. Le clergé normand compte un savant de plus.

Dans les premiers jours de 1848, « Jean Benoist Cochet, prêtre du diocèse de Rouen.... enfant de la sainte église romaine.... a l'honneur d'offrir à Sa Sainteté Pie IX, souverain Pontife de l'église universelle... ses modestes travaux sur les églises et les monuments anciens de la Normandie. »

Le Pape daigne répondre à l'envoi de cet ouvrage par un bref signé de sa main, et daté de Rome, Sainte-

Marie Majeure, le 23 mars 1848. Il accorde à son « cher fils » sa bénédiction apostolique, et la lui donne du fond du cœur, — *intimo paterni cordis affectu.*

1849. — Le manoir des archevêques de Rouen sur l'Alihermont.
— Notice sur l'ancienne abbaye de Lieu-Dieu.
1850. — Les Eglises de l'arrondissement de Dieppe. Eglises rurales.
— Notice historique et descriptive sur l'église de Veulettes.
1851. — Notice historique et descriptive sur l'église collégiale de Saint-Hildevert de Gournay.
— Compte-rendu de l'ouvrage de M. l'abbé Lecomte, sur les églises et le clergé du Havre.
— Notice historique et descriptive sur l'église prieurale de Sigy.
1852. — Notice historique et descriptive sur l'église d'Oissel.
— Les Eglises de l'arrondissement d'Yvetot.

Ici, comme monumentaliste religieux, l'abbé Cochet arrive à l'apogée de son talent.

1853. — Notice historique sur l'église de Bures.
1856. — Tombeaux chrétiens de la période anglo-normande trouvés à Bouteilles, près Dieppe, en 1855.
1857. — Notes sur des sépultures anglo-normandes trouvées à Bouteilles, près Dieppe, en 1856.
— Pierres tombales trouvées à Leure en 1856.
— Pierre tombale. sépulture et vases funéraires, du XIII° siècle, trouvés au Havre (section de Leure) en 1856.
1859. — Sépultures chrétiennes de la période anglo-normande trouvées à Bouteilles, près Dieppe, en 1857.
1860. — Inauguration et bénédiction du nouvel hospice de Dieppe.
— Notice biographique sur l'abbé Langlois.
— Quelques particularités relatives à la sépulture chrétienne du moyen-âge.
— Archéologie céramique et sépulcrale.
1861. — Notice historique et archéologique sur la ville, l'abbaye et l'église du Tréport.
— Note sur une sépulture chrétienne du moyen-âge trouvée à Etaples (Pas-de-Calais), en 1861.

1862. — Note sur trois cercueils de pierre trouvés à Gouville, arrondissement de Rouen.
— Fouilles faites en 1861 à l'abbaye de Saint-Wandrille et à la chapelle de Caude-Côte, près Dieppe.
— Nouvelles particularités relatives à la sépulture chrétienne du moyen-âge.
— Notice historique et archéologique sur... l'église de Lamberville.
— Bénédiction de la chapelle du Petit-Séminaire du diocèse de Rouen, au Mont-aux-Malades.
— Découverte, reconnaissance et déposition du cœur du roi Charles V dans la cathédrale de Rouen, en mai et juin 1862.
— Notice historique et archéologique sur l'église et le hameau du Petit-Appeville.

1863. — Exploration des anciens cimetières de Rouxmesnil et d'Etran.
— L'abbé Leguest.
— Acoustic pottery.
— Etudes de sépultures chrétiennes, faites de 1858 à 1860, dans les cimetières de Rouxmesnil et d'Etran, près Dieppe.
— On a medal of Saint-Benedict... with some remarks by John Evans.
— Notice sur une ancienne statue de Guillaume-le-Conquérant, conservée dans l'église de Saint-Victor-l'Abbaye.

1864. — Rapport adressé à S. E. Mgr. le cardinal de Bonnechose sur l'inspection des églises de son diocèse, pendant les années 1862 et 1863.
— Note sur des inscriptions tumulaires de moines de la congrégation de Saint-Maur, autrefois à Jumièges.
— Discours prononcé à la bénédiction nuptiale donnée par M. l'abbé Cochet à M. C. Morel et à Mlle Gabrielle Delevoye.

1865. — Notice biographique et nécrologique sur M. l'abbé Lefebvre, curé de Saint-Sever de Rouen.

1866. — Rapport sur le prix de travail et de vertu fondé par M. Boucher de Perthes.
— Nécrologie et inhumation de M. l'abbé Vincheneux, curé du Tréport.

1867. — Note sur trois cercueils de plomb trouvés à Dieppe en 1866.

— Le Tombeau de Sainte-Honorine, à Graville.

— Tombeaux du roi Henri Court-Mantel et du duc de Bedford, à la cathédrale de Rouen.

1868. — Note sur les poteries acoustiques de nos églises.

1869 — Rapport fait à la commission municipale de Dieppe sur la quatrième distribution du prix de travail et de vertu, fondé par M. Boucher de Perthes.

— Lettre sur les confessionnaux au moyen-âge.

— Mémoire sur les cercueils de plomb dans l'antiquité et dans le moyen-âge.

1871. — Les porches des églises de la Seine-Inférieure, à propos du porche de Bosc-Bordel, près Buchy.

— Rapport fait à la commission municipale de Dieppe sur la cinquième distribution du prix de travail et de vertu, fondé par M. Boucher de Perthes.

1872. — Archéologie chrétienne et sépulcrale. Notice sur les sépultures chrétiennes trouvées en mars 1871 à Saint-Ouen de Rouen.

— Rapport fait à la commission municipale de Dieppe sur la sixième distribution du prix de travail et de vertu, fondé par M. Boucher de Perthes.

En 1854—1855, l'abbé Cochet publie son grand ouvrage de la *Normandie souterraine,* et l'offre au Saint-Père en ces termes :

« La science, par l'organe de l'Institut de France, a couronné ce travail. Mais je m'estimerai plus heureux et beaucoup mieux récompensé si, de sa main apostolique, le Père commun des fidèles, le chef auguste et vénéré de l'église universelle, veut bien bénir le livre et son auteur,

« Qui se fait honneur d'être le plus humble, le plus dévoué et le plus respectueux de ses fils en Jésus-Christ

« L'abbé Jean-Benoist Cochet. »

Un nouveau bref répondit à cette lettre accompagné d'une nouvelle bénédiction apostolique.

Aussi, n'y a-t-il pas à s'étonner si, devant les personnes qui auraient pu douter de sa soumission absolue envers le Saint-Siége, l'abbé Cochet gardait parfois le silence : il aimait mieux l'aller dire à Rome.

M. l'abbé Cochet a laissé, en outre, un assez grand nombre de sermons inédits.

On ne peut songer à enregistrer ici, que pour mémoire, les innombrables articles religieux dont la plume de l'abbé Cochet a enrichi les mille recueils de la presse périodique. Nous ne ferons exception que pour deux : le *Journal de Bolbec*, où il a inséré, le 13 septembre 1862, le compte-rendu de la bénédiction du marbre commémoratif de Pierre Belain d'Esnambusc, dans l'église d'Allouville, par Mgr Boutonnet, évêque de la Guadeloupe, et la *Semaine religieuse*, où il a consacré ses dernières lignes, le 8 mai 1875, au récit de l'acquisition enfin réalisée, pour le musée d'antiquités, du *Battant de Georges d'Amboise*.

L'abbé Cochet cependant n'écrivait en moyenne que deux heures par jour. Cela lui suffisait pour sa composition et sa correspondance. Comment, en travaillant si peu, a-t-il pu autant produire, c'est pour nous un mystère qui ne s'explique que par la netteté de la conception.

Ce que l'on conçoit bien s'énonce clairement,

disait Boileau, et vite, faisait l'abbé Cochet.

Que reste-t-il à dire de l'abbé Cochet? Une foule de choses, pour lesquelles nous prions instamment les lecteurs qui voudraient se faire une idée plus complète de l'illustration normande connue sous ce nom, de recourir aux savantes notices de

M. Michel Hardy, de M. l'abbé Lecomte, de M. l'abbé Loth et de M. l'abbé Sauvage.

Nous terminerons donc cet entretien familier par quelques considérations générales.

Jamais chez lui, l'abbé Cochet cependant ne voyageait jamais. Encore plus que son goût, sa santé le retenait captif. Il ne connaissait guère que la Normandie, mais il la connaissait bien. Il la parcourait et la reparcourait sans cesse.

Ses églises, ses croix, ses châteaux, ses vieilles maisons, ses mottes, ses camps, ses fosses, ses cimetières souterrains, ses monuments de toute espèce et ses habitants de chaque commune, il les savait par cœur. Mais, en dehors de la terre de Rhou, Paris était sa colonne d'Hercule. Rien ne pouvait le décider à la franchir. Aux tentations les plus pressantes, aux hommes qu'il considérait le plus, comme aux choses qui avaient pour lui le plus d'attrait, il résistait obstinément avec la fermeté d'un roc. C'est ainsi que le voyage en Italie, cette terre promise du catholique et de l'antiquaire, qu'il désirait tant visiter et où Mgr le cardinal de Bonnechose lui proposa plusieurs fois de l'accompagner, il le refusa toujours. Et, comme il ne se piquait pas d'héroïsme, il avait quelquefois les larmes aux yeux en racontant cela.

Ce serait une erreur profonde de croire que, à s'occuper si fort des choses de science, l'abbé Cochet perdît de vue le salut des âmes. Sans doute, il aimait par-dessus tout les curés qui aimaient leurs églises et qui les restauraient selon les règles du goût et de l'archéologie, mais il avait non moins grand souci de la manière dont ces mêmes curés dirigeaient leurs cures et instruisaient les enfants. Quand on lui parlait d'un curé, d'un curé intelligent, distingué, d'un curé parfait : « C'est bon, c'est bon, disait-il, je connais votre curé. C'est un curé qui fait bien le catéchisme. »

En effet, il nous souvient d'avoir vu l'abbé Cochet, visitant ses chères églises, oublier vitraux et sculptures, litres et pierres tombales, pour être tout oreilles aux curés qui faisaient le catéchisme, et manifester ensuite, avec une apostolique énergie, suivant ses impressions diverses, les jugements les plus contraires.

L'amitié, cette fleur de l'âme, a tenu une grande place dans la vie de l'abbé Cochet. Il n'aimait pas tout le monde, mais il n'aimait pas à demi. Quand il avait donné son cœur, il ne savait pas le reprendre. Demandez-le plutôt aux vivants et aux morts, à M. Lenormand, M. Deville, M. Vallois, M. de Girancourt, M. Coppinger, M. l'abbé Malais, M. de Blosseville, M. Dufresne, M. l'abbé Lecomte, M. de Linas, M. l'abbé Loth, M. Milet, M. le docteur Guéroult, M. Michel Hardy, M. Gustave Gouellain, M. l'abbé Sommesnil, M. l'abbé Decorde, M. Ch. Roessler et à tant d'autres.

Et ce n'était pas un ami passif, comme il y en a tant, que M. l'abbé Cochet.

Il ne rougissait pas de ses amis, j'entends des plus petits, mais il les prônait, les rehaussait, s'en faisait gloire, et, à l'occasion, les défendait à outrance. Aussi, les survivants de ces amis-là lui ont-ils été reconnaissants et fidèles, non-seulement pendant la vie, mais, chose plus rare, jusqu'au tombeau et même par delà.

Les bons cœurs sont dévoués, et ont la passion de rendre service. L'ingratitude ne les effraie pas, l'expérience ne les instruit pas, rien ne les rebute. Pour obliger ceux qu'il connaissait et ceux même qu'il ne connaissait pas, l'abbé Cochet était dévoué et dévoué jusqu'à l'importunité. Frapper aux portes, jusqu'à ce que l'on ouvre, tendre la main, jusqu'à ce que l'on reçoive, demander une chose juste, jusqu'à ce qu'on l'obtienne, et agir ainsi, non pour soi, mais pour les autres, ce sont là les marques les plus évidentes de la bonté du cœur. L'abbé Cochet avait plaisir d'obliger tout le monde, mais surtout ses compatriotes d'Etretat. Car il aimait de passion cet Etretat qu'il regardait comme sa patrie. N'est-ce pas à propos d'Etretat qu'il a dit :

> *Nescio quâ natale solum dulcedine cunctos*
> *Ducit, et immemores non sinit esse suos.*

Je ne sais quel charme intime nous ramène tous au sol natal, et fait que, de ses enfants, nul ne l'oublie jamais.

Aussi a-t-il voulu léguer à l'église d'Etretat ce qu'il y a de plus cher au cœur d'un prêtre, le calice qui lui servait à célébrer les saints mystères.

L'abbé Cochet s'est toujours distingué par une tendre dévotion envers la Sainte-Vierge. Séminariste, nous l'avons vu, il chantait Marie. Plus tard, les prémices de sa plume, il les consacrait à placer, au chevet du chœur d'Etretat, une splendide verrière représentant *Notre-Dame de la Mer,* au bas de laquelle, près du donateur agenouillé, se lisent ces mots : *O Mater Dei, memento mei !* O sainte Mère de Dieu, souvenez-vous de votre serviteur !

En l'absence de dispositions testamentaires, on a proposé d'enterrer l'abbé Cochet un peu partout, à Sanvic, au Havre, à Dieppe, et enfin à Rouen, où il est définitivement resté.

Nous ne pouvons nous empêcher de regretter que,

sous la double pression des souvenirs du moyen-âge et de la reconnaissance de ses compatriotes, on n'ait point choisi, comme lieu de sépulture le plus convenable pour l'abbé Cochet, l'église d'Etretat.

Cependant il nous faut remonter quelques pas en arrière et redire comment s'est terminée trop brusquement, hélas ! une existence si remplie par le travail et qui promettait encore plusieurs années utiles à l'histoire.

Comme Lacordaire, l'abbé Cochet ne put arriver à la vieillesse naturelle de l'homme. Depuis longtemps, lui aussi, était rongé par une anémie profonde. Ce n'était pas sans peine que, avec des ménagements de toutes sortes, un esprit rebelle aux prescriptions de la Faculté et une constitution forcée de s'y soumettre, il avait, gravissant péniblement le sentier de la vie, atteint l'âge de soixante ans. Mais, à partir de ce moment, sa santé déclina rapidement. Il était sur la pente où l'on ne s'arrête plus.

Déjà les lamentables désastres de 1870-1871, quoi qu'il les eut prévus, l'avaient frappé au cœur. Antiquaire moins original, mais aussi exclusif que celui de Walter Scott, l'abbé Cochet était l'homme redouté de Cicéron, l'homme *unius libri*, qui ne sortait point de son cercle. D'astronomie et de politique, de métaphysique et de philosophie, il s'en souciait comme d'un fétu. Ce n'était point son affaire. Esprit pratique avant tout, il laissait les idées aux spéculatifs. Mais il était profondément patriote. Il n'y a, pour s'en convaincre, qu'à lire cette chaleureuse lettre du 17 août 1870 à M. Caraven-Cachin, qu'ont citée tour-à-tour la *Semaine religieuse* et la *Société de l'Histoire de Normandie*. De plus, il aimait l'empereur, qui aimait les Romains. L'engouffrement de Sedan lui donna le vertige. Il ne s'en releva jamais.

Depuis cette époque, on peut dire que l'abbé Cochet ne marcha plus : il se traîna vers la tombe. Il travaillait toujours, il parlait par habitude, le rire encore errait sur ses lèvres. Mais ce travail était infécond, et ce rire faisait mal. Sa parole s'échappait comme par torrents et bonds désordonnés : il ne la maitrisait plus.

Aussitôt qu'il sut l'existence de l'abbé Cochet menacée, Mgr le cardinal archevêque de Rouen s'empressa de consoler par de paternelles visites, et de préparer à un monde meilleur, un membre de son clergé qu'il avait en haute estime, dont il appréciait le mérite et qu'il tenait à honorer publiquement de sa considération.

Peu de jours avant sa mort, l'air était pur, le soleil brillait. M. l'abbé Cochet voulut revoir ce musée des antiquités dont il était si fier, comme l'avare du trésor qu'il a entassé pièce à pièce. Il lui semblait qu'il retrouverait là la vie qui le fuyait ailleurs. Soutenu par sa fidèle Marie et celui qu'il appelait familièrement le « père Fortin », gardien du musée, il gravit d'un pas pesant ces marches qu'il ne comptait guère autrefois. Puis il essaya de pénétrer dans une salle où ses yeux semblèrent demander, en se portant tristement sur la croix de l'impératrice Mathilde, la force d'aller plus loin. Mais la croix ne répondit pas. Ainsi l'ange, au jardin des Oliviers, était apparu au Fils de l'homme en agonie, mais sans détourner le calice où toute lèvre créée doit fatalement goûter, tour-à-tour, le breuvage amer. Sous ces voûtes de l'ancien cloitre des religieuses de Saint-François-de-Sales, sous ces dalles aujourd'hui usées par les pas de générations si différentes des premières, entouré de ces vitraux qui assombrissent le jour, au lieu du bien-être qu'il cherchait, l'abbé Cochet éprouva une sensation insolite. Il eut froid. Il recula alors, et se fit apporter dans un coin de la cour intérieure, auprès de ces hauts sépulcres de pierre béants comme pour l'engloutir, un fauteuil où il s'affaissa. Là, pendant qu'un chaud soleil de mai le réchauffait un peu, que les moineaux familiers voletaient de ruine en ruine, et que le grillon chantait dans l'herbe, l'abbé Cochet vécut sa dernière minute de bonheur. — Oh! le bonheur de l'homme! — Embrassant d'un seul regard tout le passé, sa vie entière, sa vie déjà écoulée, et tout ce qu'il avait dit, et tout ce qu'il avait écrit, et tous les secrets des âges anciens arrachés par lui aux entrailles de la terre, il vit ce qu'il avait fait, il vit ce qui lui restait à faire, et, comme tous ceux qui ont reçu l'étincelle sacrée, comme tous les bons prêtres, comme tous les vrais savants, arrivés au terme de leur carrière, il se recueillit dans une pensée suprême et inclina la tête en soupirant.

M. le docteur Pennetier, conservateur du Muséum d'histoire naturelle, qui a vu l'abbé Cochet ce jour-là et qui a vu ce qui se passait, à cette veille de l'éternité, dans une grande intelligence et dans un grand cœur, ne l'oubliera jamais.

Au moment de sortir, l'abbé Cochet se retourna et regarda quelque temps encore sans rien dire son cher Musée, ses antiquités tant aimées. Il sentait que c'était pour la dernière fois.

Le lendemain, un affreux érysipèle de la face tuméfiait et défigurait cette belle tête qui ne devait plus revivre que dans le marbre magistral de M. Iselin.

Enfin, le 21 avril, une violente hémorragie du cerveau se déclara. C'était la première station du calvaire. Appelé pour lui donner des soins, le docteur Paul Levasseur, son ami et son collègue à l'Académie, ne put que constater la gravité de la situation. L'abbé Cochet était frappé à mort. Des alternatives de bien et de mal se succédèrent, comme d'usage : comme d'usage aussi, des consolations, des espérances affluèrent auxquelles ne croyaient, ni ceux qui les donnaient, ni celui qui les recevait, et, le mardi 1er juin, à quatre heures du soir, muni du saint viatique et de l'onction suprême, M. l'abbé Cochet rendit à Dieu l'âme qu'il en avait reçue, le talent qu'il avait fait fructifier, la lumière qu'il n'avait pas cachée sous le boisseau.

Après un service funèbre célébré en l'église de Saint-Patrice, sa paroisse, le corps de l'abbé Cochet fut inhumé, le vendredi 4 juin 1876, au cimetière monumental de Rouen.

Les honneurs militaires ont été rendus au légionnaire de 1855.

Un comité, présidé par M. Gustave Gouellain, jeune savant que le défunt honorait d'une estime et d'une affection toutes particulières, s'occupe d'ériger à l'abbé Cochet un monument par souscription.

Ce monument, un dans son principe, sera triple dans son application. Il se composera d'un édicule au cimetière, sur les dessins de M. Sauvageot ; d'un buste, par M. Iselin, dans une salle du musée des antiquités ; et d'une médaille, par M. Chaplin, que l'on offrira, si les ressources de la souscription le permettent, à tous les souscripteurs.

Ebauchons maintenant, à lignes rapides, le portrait de l'abbé Cochet. L'abbé Cochet était grand. Il avait la poitrine large, les mains osseuses, un pied qui mordait la terre. Tout en lui accusait une race vigoureuse et fière, la fusion généreuse du sang bourguignon avec le sang normand. Coupés court et tombant droit, ses cheveux noirs et abondants jusqu'à quarante ans, étaient à peine gris lorsqu'il mourut. Il avait le menton arrondi, un rictus fortement accusé, signe de franchise, et la lèvre inférieure, signe de causticité, quelque peu proéminente. Deux plis profonds, partant de chaque côté du nez, creusaient diagonalement les joues. Le nez, droit et bien fait, présentait l'enfoncement du génie, indiqué par Lavater, à la base du crâne. L'oreille, plutôt petite que grande, était correctement attachée. Mais ce qui frappait surtout dans la figure de l'abbé Cochet, ce qui faisait que, ne l'ayant vu qu'une fois, on ne l'oubliait jamais, c'était le front et les yeux, — un front haut, ouvert, intelligent ; des yeux noirs, abrités par d'épais sourcils, qui s'illuminaient d'éclairs, au milieu de la discussion, et que déridait sans cesse, dans les causeries intimes, un sourire franc, malicieux et bon. Ajoutez à cela un teint d'un blanc mat, celui qui se prête le mieux à l'expression, et vous conviendrez sans peine que, à trente ans, rencontrée sous les voûtes sombres d'une église gothique, et inspirée par le double sentiment artistique et religieux, la tête de l'abbé Cochet, pâle, amaigrie, rayonnante de science et d'esprit, était une des plus belles têtes qu'on puisse voir, modelée à souhait pour tenter le ciseau d'un maître. Que dirons-nous de plus ? Que l'âge lui-même respecta cette mâle physionomie. L'abbé Cochet est mort à soixante-trois ans, comme Cuvier, sans porter lunettes.

Autre particularité. Comme un soldat fier de son

uniforme, l'abbé Cochet portait haut l'habit ecclésiastique. Il n'a jamais quitté la soutane. Par clause testamentaire, il a même demandé d'être enterré avec ses vêtements sacerdotaux.

Par où mieux terminer notre causerie que par ces paroles si vraies, si éloquentes, auxquelles nous nous associons de tout notre cœur, à propos des œuvres du célèbre ecclésiastique normand :

« On y sent, dit excellemment M. l'abbé Loth, le cœur de l'apôtre sous la parole du savant, et nous souhaitons que la postérité, lorsqu'elle s'occupera de M. l'abbé Cochet, ne sépare jamais ces deux auréoles de son front. »

www.ingramcontent.com/pod-product-compliance
Lightning Source LLC
Chambersburg PA
CBHW061017050426
42453CB00009B/1499